TIME FOR KIDS

Niños alrededor del mundo

Dona Herweck Rice

Asesor

Timothy Rasinski, Ph.D.
Kent State University

Créditos

Dona Herweck Rice, *Gerente de redacción*
Robin Erickson, *Directora de diseño y producción*
Lee Aucoin, *Directora creativa*
Conni Medina, M.A.Ed., *Directora editorial*
Ericka Paz, *Editora asistente*
Stephanie Reid, *Editora de fotos*
Rachelle Cracchiolo, M.S.Ed., *Editora comercial*

Créditos de las imágenes

Cubierta Randy Plett/iStockphoto; p.4 Thomas M. Perkins/Shutterstock; p.5 Monkey Business Images/Shutterstock; p.6 Sue Flood/Getty Images, IntraClique LLC/Shutterstock; p.7 Eric Esseleé/Shutterstock; p.8 hadynyah/iStockphoto, tepic/Shutterstock; p.9 Chris Howey/Shutterstock/; p.10 Lucian Coman/Shutterstock; p.11 Alistair Cottton/Shutterstock; p.12 Ew Chee Guan/Shutterstock; p.13 Karina Bakalyan/Shutterstock; p.14 Lebedev Alexey/Shutterstock, Juanmonino/iStockphoto; p.15 Jon Buder/Shutterstock; p.16 Johannes Simon/Getty Images Danshutter/Shutterstock; p.17 Darren Brode/Shutterstock; p.18 michealjung/Shutterstock; p.19 iofoto/Shutterstock, Jaren Jai Wicklund/Shutterstock; back cover Subbotina Anna/Shutterstock

Basado en los escritos de *TIME For Kids.*

Teacher Created Materials
5301 Oceanus Drive
Huntington Beach, CA 92649-1030
http://www.tcmpub.com

ISBN 978-1-4333-4432-9

Printed by: 51497
Printed in: Taiwan

Tabla de contenido

Niños alrededor del mundo

Los niños son niños en todo el mundo. No importa dónde vivan, se parecen mucho a ti.

Voltea la página para que te encuentres con algunos niños alrededor del mundo.

Nunavut

Mi nombre es Charlie. Vivo en Nunavut. Aquí hace mucho frío y nieva mucho. Voy a la escuela en una motonieve.

Mi familia ha vivido aquí por muchos años. Creo que siempre viviré aquí.

Bolivia

Mi nombre es Rosa. Vivo en Bolivia. Mi familia cría cabras y yo las cuido.

Mi hogar es muy bonito. Está al pie de montañas muy, muy altas.

Tanzania

Mi nombre es JoJo. Vivo en Tanzania. ¡Leones, cebras y micos viven cerca de mi casa!

Mi familia tiene una finca. Cultivamos maíz y café. ¡Me gusta el maíz, pero no me gusta el café!

China

Mi nombre es Li. Vivo en China. Mi familia también tiene una finca. Cultivamos arroz.

Voy a la escuela y aprendo a escribir. ¡Mi país fue el primero en tener papel! Uso papel cuando escribo.

Afganistán

Mi nombre es Ava. Vivo en Afganistán. Mi país tiene mucha arena. Hay montañas altas también.

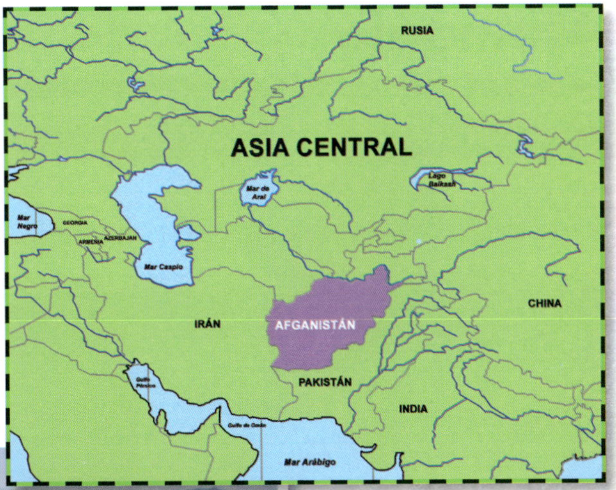

Me gusta aquí. Mi papá es un maestro. Voy a una escuela nueva para niñas. ¡Me alegro de ir a la escuela!

Alemania

Mi nombre es Marta. Vivo en Alemania. ¡Mi casa está cerca de un castillo de verdad! Hay muchos castillos antiguos en Alemania.

Mis padres trabajan en una fábrica de autos. A gente de todo el mundo le gusta comprar nuestros autos.

Estados Unidos de América

Nosotros vivimos en los Estados Unidos de América. Es un país muy grande.

Mucha gente viene de todo el mundo a vivir o a visitar aquí.

Estamos contentos de ser estadounidenses.

Palabras para aprender

Afganistán
Alemania
Bolivia
café
castillo
China
Estados Unidos de América
estadounidenses
fábrica
familia
finca
maestro
montañas
motonieve
mundo
Nunavut
Tanzania
país